AF250415

NOUS SOMMES FRANÇAIS

Diis manibus.

E'l li a en Frances durament demandal :
« D'ou iest tu naiz......? »

Roman de Fierabras.

TOULON

TYPOGRAPHIE L. LAURENT, RUE NATIONALE, 49.

1875

NOUS SOMMES FRANÇAIS

I

J'ai l'honneur d'adresser aux amis de ma famille et aux miens ce mémoire par lequel je revendique, pour mes parents et pour moi, le plus précieux des patrimoines, notre nationalité.

Je m'écrie avec orgueil, *nous sommes Français,* et je dois aux personnes qui daignent s'intéresser à nous une explication préliminaire, afin qu'elles connaissent d'abord le motif de ma réclamation inspirée par le devoir et l'amour.

Mon frère, Jean-Baptiste Allègre, habite la ville de Mèze, dans le département de l'Hérault ; il y est établi depuis douze ans au moins. Ayant su mériter la sympathie de ses concitoyens, il fut, en 1871, élu conseiller municipal de sa cité adoptive et même, à cette époque, nommé adjoint au maire. Le mandat de conseiller aux dernières élections communales vient de lui être renouvelé.

Je crois nécessaire d'ajouter qu'après le 24 mai l'administration municipale de Mèze, dont mon frère faisait partie, fut remplacée, comme ailleurs, par une municipalité de l'ordre moral qui depuis est en fonction.

Au mois d'août dernier, lors de la formation des nouvelles listes électorales, on me dit que le maire de Mèze avait fait demander au sous-préfet de Toulon si mon frère était Français, car il supposait que feu notre père était Italien.

En apprenant cette démarche perfide j'éprouvai un véritable chagrin, et le doute manifesté au sujet de notre patrie me parut être une offense préméditée.

J'écrivis au maire une lettre remplie des sentiments qui m'animaient. Le ton de ma réprimande lui fit comprendre que nous étions Français.

Ce magistrat me répondit que, ayant été absent, il ignorait qu'une demande eût été envoyée au sous-préfet de Toulon.

Je connus bientôt l'auteur de ce méchant procédé, qui était en effet l'un des adjoints ; mais il ne valait nullement la peine que l'on s'indignât contre lui.

Mon frère, instruit par mes soins de ces faits,

saisit l'occasion de protester. Il arbora de sa maison, au récent anniversaire du 4 septembre, un drapeau tricolore.

Ce jour-là, malheureusement, le sang fut versé à Mèze et je ne puis exprimer ici que mes regrets pour la pauvre victime qui y fut frappée de mort. Une enquête eut lieu et quelques jeunes gens furent traduits en police correctionnelle.

Durant l'instruction de cette affaire, on reprocha à mon frère d'avoir déployé un drapeau en temps non opportun. M. le commissaire de police raconta que, ayant invité M. Allègre à enlever ce symbole de la nation, celui-ci lui répondit qu'il ne pouvait satisfaire à son désir, parce qu'il voulait affirmer, au moyen des couleurs, sa nationalité mise en suspicion par un personnage officiel. M. le juge de paix, chargé de l'enquête, confirma sur ce point le rapport de M. le commissaire de police, et, à l'audience, M. le procureur de la République fit une légère allusion à cet incident. Il reconnut que mon frère avait le droit de faire flotter un drapeau tricolore, mais il dit que celui-ci aurait dû s'en dispenser, bien que la loi ne le défendît pas.

Ainsi la question de notre nationalité a causé un certain bruit, aussi faible que l'on voudra. Toujours, il a été suffisant pour que notre patriotisme ne supporte pas d'être contesté un instant.

Nous désirons, à ce sujet, dissiper la moindre incertitude dans l'esprit de nos amis et des personnes qui nous connaissent, et nous ne voulons pas en France être regardés comme des étrangers.

J'ai donc résolu d'établir notre généalogie. Elle ne nous est peut-être pas nécessaire auprès de ceux qui nous honorent de leur estime et pour lesquels j'écris; le souci que nous avons de rechercher notre origine leur montrera du moins combien nous sommes jaloux de notre cher et beau pays.

Uniquement préoccupé de la patrie que l'on nous disputait, je n'ai mis aucun retard à rassembler les preuves qui nous confirment notre titre de Français; mais le côté matériel d'une œuvre humaine exige un temps qu'on ne retranche pas. Sans cette raison majeure mon mémoire aurait paru plus tôt.

II

Il m'a été facile de retrouver notre filiation, parce que nous sommes les enfants d'un véritable peuple. C'est par bonheur qu'aucune branche d'aristocratie n'a porté de fleurons au sein de notre famille. ...

Nous avons eu dans les siècles passés une meilleure fortune, car l'antique Provence nous a donné le jour et a été l'unique berceau de tous nos aïeux. Ils furent paysans, marins, artisans ou marchands, mais à la fois des hommes libres. Les faits que j'ai réunis m'ont confirmé ainsi dans ma fierté native et dans l'attrait que j'éprouve pour ma noble patrie.

J'ai grandi dans un heureux séjour de lumière et d'azur où l'âme emprunte à la vie ses ardeurs et son expansion. D'abord, à mon village, j'ai recherché la compagnie d'excellents vieillards et, curieux, je prenais plaisir à leurs récits du bon vieux temps. Ils m'intéressèrent aux choses naïves qui font naître en nous des sentiments simples et vrais. Mes parents aussi m'ont confié les traditions intimes du foyer domestique et je me rappelle qu'une respectable femme sexagénaire m'aimait, dans mon enfance, parce que je ressemblais à un de mes grands-oncles maternels, mort à l'âge de vingt-cinq ans environ.

Comment aurais-je été de race étrangère au milieu de ces charmes et de ces attentions !

Je m'imaginais le passé dans des rêves chers à mon cœur, et mes préférences pour le pays natal venaient d'un attachement précoce et intuitif.

A cette heure, je suis avec pleine assurance provençal de la plus vieille souche. Les familles auxquelles j'appartiens ont leurs annales confondues avec celles de leurs cités et mes ancêtres n'ont pas eu d'autre sort que celui des communes dont ils furent les citoyens. Ils se sont succédé de génération en génération dans les mêmes lieux et les mêmes demeures. Si une métamorphose les avait changés en arbres aux profondes racines, ils n'auraient pas été fixés davantage sur la terre qui les a élevés comme nous leurs descendants.

Tel est le privilége des plébéiens, ils n'ont pas de biographies particulières et ne se séparent point de la nation. Ils participent en retour à l'ancienneté première, glorieuse, supérieure du monde gallolatin qui à travers les âges put transmettre à nos populations modernes la perpétuité d'un sang généreux.

Il faut avoir pour ancêtres des manants afin d'être plus que Français.

La destinée m'a accordé cette faveur. La famille de feu notre père vénéré Jean-Baptiste Allègre est issue de la Cadière, petite ville située dans le Var ; du côté de notre mère chérie, Alexandrine Aycard, nos aïeux sont de Six-Fours, près de Toulon-sur-Mer.

Ces deux communes d'origine grecque et romaine furent, pendant le moyen âge et sous la monarchie, des municipes jouissant de nombreuses libertés. Elles ont conservé leurs archives et mérité d'avoir des historiens.

J'ai puisé mes renseignements chez ces derniers, aux actes de l'état civil et dans les registres de délibérations desdites communautés.

III

Avant d'énumérer la succession de mes ascendants paternels, un pieux désir de justice m'entraîne
à résumer ici les principaux fastes de la Cadière à
laquelle je dois un témoignage de respect filial.

Je ne puis mieux faire que d'emprunter mon récit
à M. l'abbé Magloire Giraud qui a publié plusieurs
ouvrages remplis d'érudition sur cette commune,
dont il est lui-même un enfant, et sur la colonie
phocéenne de *Tauroentum*.

La fondation de celle-ci remonte à l'émigration
massaliote. Ville ionienne, elle fût établie au bord de
la Méditerranée, sur la rive orientale du golfe qui
porte aujourd'hui le nom de la Ciotat.

Tauroentum reconnut Marseille comme sa métro-
pole et fit avec elle cause commune.

C'est ainsi que ces deux cités prirent ensemble le
parti de Pompée contre César, *Tauroentum* reçut

dans son port non-seulement la flotte romaine, son alliée, il fournit encore des vaisseaux pour combattre l'armée navale de César commandée par D. Brutus. Ce général, après sa victoire, s'empara de *Tauroentum* qui devint une ville riche et importante sous la domination de Rome.

Les nombreuses médailles du Ve et du VIe siècle de notre ère, trouvées dans les vestiges de *Tauroentum*, permettent de penser qu'il existait encore vers la fin du VIIe siècle.

L'invasion des Sarrasins fut sa ruine. Ses habitants obligés de chercher un asile dans l'intérieur des terres, rencontrèrent l'abri des cavernes que la nature avait creusées aux flancs d'une colline voisine. Lorsque la paix revint, ils élevèrent sur cette hauteur les premières constructions qui servirent de commencement à la Cadière.

Elle fut ainsi appelée du grec καθ-ιδρύω ou de καθέδρα, parce que ce lieu avait été l'endroit du refuge. Cette assertion est appuyée par une tradition populaire qui s'est conservée jusqu'à nos jours parmi les gens du pays.

Bientôt la Cadière se développa sous la protection de moines cassianites qui en étaient les co-seigneurs avec les comtes des Baux. Le territoire de cette communauté appartint ensuite exclusivement à l'abbaye de Saint-Victor-lès-Marseille.

Les habitants de la Cadière soumis à ces différentes juridictions eurent toujours le droit de faire des lois et règlements nommés *capitouls* et d'élire des magistrats pour administrer les affaires municipales. Ces franchises venaient des institutions romaines que le régime féodal ne put supprimer chez nous.

Ainsi les immunités de la Cadière se maintinrent et se multiplièrent, de sorte que cette petite ville, en conquérant des libertés nouvelles, finit au milieu du XVIe siècle par se qualifier du nom de *république*. Son pouvoir n'allait peut-être pas jusqu'à réaliser cette complète émancipation, mais un pareil fait donne à connaître la tendance et l'esprit des habitants.

Ce peuple avait des assemblées générales où l'on discutait les intérêts de la communauté ; il nommait pour gérer la chose publique des procureurs qui plus tard furent des syndics et puis des consuls ayant le droit de porter le chaperon. Vers le XVe siècle les assemblées populaires sont remplacées par le conseil élu de la cité.

On voudra bien me pardonner cet abrégé d'histoire auquel je me suis appliqué avec prédilection à cause de mes libres sentiments.

Je ne cache point ma satisfaction, puisque la parenté directe nous rattache à celte commune de la Cadière dont M. Lenormant, dans un rapport lu à

l'Académie des inscriptions et belles-lettres au sujet
de mémoires envoyés par M. l'abbé Giraud, disait :

*« Sur cette terre privilégiée, où jamais le ser-
vage féodal ne fut connu, la république municipale se fonda tout naturellement. »*

IV

Feu notre père sourirait au travail que je vais poursuivre, car il aimait à nous parler de sa famille et à nous dépeindre sa bastide paternelle sise au quartier de Rampale, commune de Saint-Cyr, autrefois territoire de la Cadière.

Un élégant palmier centenaire décore l'entrée de cette maison qui, après avoir été possédée par les nôtres de siècle en siècle, existe encore dans sa rusticité primitive. J'ai pu deviner, en la visitant, l'endroit où l'on serrait le pain destiné aux pauvres et le coin de la cheminée où les liards empilés attendaient d'être distribués à l'indigent.

Nous n'entendrons plus ces indications précises sortir de la bouche de notre père que nous avons eu la douleur de perdre, il n'y a pas une année. Mais il est toujours avec nous, sa belle image de vieillard ne s'efface point de nos cœurs et c'est à sa mémoire que je dédie l'évocation faite par moi de nos ancêtres paternels.

Feu notre père nous avait dit souvent qu'il était le rejeton d'une ancienne famille et cette pensée, que je comprends mieux à cette heure, fortifiait son amour du pays. Il n'y avait pas d'homme plus français que lui. Les malédictions qu'il a lancées contre l'empire après Sedan et Metz l'attesteraient au besoin. Ses anathèmes n'étaient point tempérés par ce que l'on est convenu d'appeler l'éducation, qui n'est parfois que le patriotisme énervé. Comme il avait le droit absolu de prendre part aux malheurs de la France il s'indignait sincèrement, et on l'a jugé italien ! Puisse notre revendication lui garder la paix du tombeau.

L'étincelle qui sert à nous enflammer pour le devoir et l'honneur se conserve dans la cendre des morts ; c'est en invoquant les aïeux que l'on devient meilleur. J'ai accompli envers les miens une œuvre de suprême dévotion, et j'ai retiré moi-même un grand profit moral de mes recherches qui ont eu un résultat parfait.

Feu notre père Jean-Baptiste Allègre est né à Bandol où notre grand-père était venu s'établir. D'ailleurs Bandol a fait partie de la commune de la Cadière jusque vers la fin du siècle dernier.

Pour marquer l'expression du temps je transcris l'acte de naissance de feu notre père :

« Aujourd'hui dix-huitième germinal an six de la
« République française une et indivisible est com-
« paru dans la maison commune le citoyen François-
« Paul Allègre, caporal des canonniers de la batterie
« de cette dite commune, lequel assisté du citoyen
« Jean-Baptiste Barthélemy, a déclaré à moy Jean-
« Baptiste Roux, officier public, que la citoyenne
« Marie Rouden, son épouse en légitime mariage,
« s'est accouchée le jour d'hier, dix-sept du courant
« à dix heures du soir, d'un enfant mâle qu'il nous
« a présenté et auquel il a donné le prénom de
« Jean-Baptiste Allègre. D'après cette déclaration
« que ledit citoyen Jean-Baptiste Barthélemy et Marie
« Arnaud ont certifié conforme.

« Signé : Barthélemy ALLÈGRE,

« ROUX, officier public. »

Je note d'abord avec soin que notre grand'mère Marie Rouden était de Bandol et qu'elle appartenait aussi à une vieille famille de ce pays, par conséquent de la Cadière.

Loin d'être un étranger, notre grand-père fut un patriote. L'an VI de la République, simple caporal, âgé de quarante-trois années, il concourait à la défense des côtes, après avoir été en 1792 sous-lieutenant des grenadiers au bataillon du canton de Saint-

Nazaire. Bien que ses parents l'eussent envoyé au collége, il n'avait pas d'autre ambition que celle de servir son pays. Il fut toujours désintéressé ; ainsi, il ne voulut point, par scrupule, acheter une partie des domaines seigneuriaux de Bandol avec la somme nécessaire qu'au moment de la vente il possédait en assignats. Cette délicatesse me rend son souvenir plus cher, aujourd'hui surtout que parmi les petits-fils des acquéreurs de biens nationaux l'on voit les plus honteux suppôts de la réaction.

Notre grand-père ne fut pas moins un sincère républicain. J'ai son certificat d'inscription sur le tableau civique, en voici les termes :

« Nous, officiers municipaux de la commune de
« Bandol, déclarons que S. François-Paul Allègre,
« sous-lieutenant des grenadiers du bataillon du
« canton de Saint-Nazaire, a prêté publiquement, et
« au rang de sa compagnie sous les armes, à haute et
« intelligible voix, entre nos mains, le serment
« ordonné par l'article douze du décret du 14 août
« 1792, a juré en conséquence de maintenir l'égalité
« et la liberté ou de mourir en la défendant et a été
« en conséquence inscrit sur le tableau civique. Fait
« à Bandol, le 8 septembre 1792, l'an IVme de la
« liberté et le Ier de l'égalité.

« Signé : Roux, *maire*;
« Tassy, *off. m.* »

3

Par l'acte de décès de notre grand-père François-Paul Allègre, mort à Bandol, le 25 janvier 1821, nous savons qu'il était né à la Cadière et qu'il était fils de Laurent Allègre et de Claire Gay.

J'ai trouvé l'acte de mariage de mon bisaïeul dont voici le texte :

« L'an mil sept cent cinquante-deux et le dixième « jour du mois d'octobre ont été épousés et reçu la « bénédiction nuptiale, en face de notre Sainte-Mère « Eglise, Laurent Alègre, fils de Melchior et de « demoiselle Claire Barret, de la Cadière, d'une part, « et honnête fille Claire Gay, fille de Jean-Baptiste « et de feue Marie-Anne Revest, dudit lieu de la Ca- « dière, d'autre part, après avoir fait trois publica- « tions sans avoir découvert aucun empêchement ni « opposition de personne, les parties assistées de « leurs père et mère et autres proches parents et « amis qui ont signé.... »

Il conste de cet acte que le nom d'Allègre s'écri- vait indifféremment avec une ou deux *l*. En effet, tan- dis que dans l'acte il n'est écrit qu'avec une *l*, on lit en marge : « Mariage, Laurent Allègre, Clère Gay. »

De plus, ce même acte nous fait connaître le nom de notre trisaïeul Melchior Allègre, toujours de la Cadière. Celui-ci a vécu quatre-vingts ans et, grâce à ce grand âge, il m'a été possible de retrouver notre quatrième aïeul.

Melchior Allègre, notre trisaïeul, n'est mort qu'en 1763, son acte de décès est ainsi conçu :

« Melchior Allègre, âgé d'environ quatre-vingts
« ans, époux de Claire Barrette, fils de François et
« de Louise Gairard, est décédé le vingt-six mars
« 1763 et a été ensevely le vingt-sept du même mois
« dans le cimetière de la Miséricorde. Présents
« M. Antoine Espanet et Joseph Pascal, prêtre, avec
« nous curé.

« Signé : PORTALIS, curé,
« PASCAL, prêtre. »

Notre quatrième aïeul s'appelait donc François Allègre ; il eut son fils Melchior vers 1683.

Avant et après cette époque les actes de l'état civil ne sont pas encore tenus à la Cadière avec toute la suite désirable. Ils ne partent, en réalité et d'une manière incomplète, que de 1659, bien que François Ier eût prescrit par son ordonnance de 1539, qu'il serait fait registre, dans chaque paroisse, en forme de preuves de baptême. J'ai trouvé pourtant l'acte de baptême de François Allègre, formulé en deux lignes. Notre quatrième aïeul, si je ne me trompe, est né le 4 janvier 1660 ; il était fils de Laurent Allègre et de Catherine Sollicetti.

Nous avons ainsi une possession d'état plus longue que celle demandée aux nobles de race, puisque nous remontons à plus de deux cents ans avec notre cinquième aïeul Laurent Allègre et même au moyen de notre quatrième aïeul François Allègre.

Mais notre famille se perd dans la nuit des temps à la Cadière. Ce qui le prouve d'abord, c'est que, au XVIIe siècle, elle y était divisée au moins en sept branches dont je pourrais indiquer les auteurs. J'aime mieux signaler un fait qui les honore tous comme les autres habitants de ladite commune.

Louis XIV vers la fin de son règne avait épuisé les ressources de la France dans des guerres désastreuses. Le grand roi fut obligé de faire argent de tout ; il ne craignit pas de vulgariser les titres nobiliaires moyennant finance ; les seigneurs, jadis féodaux n'auraient pu s'y opposer, car ils n'étaient plus que les fidèles serviteurs du monarque.

En exécution de l'édit de 1696 qui accordait des armoiries aux bourgeois des villes franches et autres jouissant de quelques exemptions, privilèges et droits publics, on voulut imposer le blason aux bourgeois et aux artisans de la Cadière. Ceux-ci refusèrent ensemble et énergiquement, de payer l'impôt de 20 à 40 livres qui leur était réclamé en compensation d'une gloriole touchant au ridicule. Les archives de la commune renferment la trace des procès qui furent faits aux nombreux récalcitrants plus fiers de leurs libertés que disposés à de vaines distinctions. Ils avaient le bon sens de Molière.

Les poursuites aboutirent contre quelques-uns de ceux qui résistaient avec tant de raison et particulièrement contre Jacques Allègre, marchand à la Cadière, qui fut obligé de payer 20 livres et d'être armorié malgré lui. Son écusson fut d'argent à un sautoir de sable. Ce Jacques Allègre qui ne consentait pas à jouer le rôle du bourgeois gentilhomme, n'était point un de nos ascendants en ligne directe, mais je n'en constate pas moins avec plaisir qu'il ne voulait pas faire de la prose sans le savoir. Je me permets de donner cet exemple, venu du tiers état, aux personnes qui, ayant acquis la fortune ignorent tout et ont de nos jours des velléités aristocratiques.

Mais je reviens à notre famille. Je regrette de ne pas avoir les qualités d'un archiviste patient, afin de suivre notre nom dans les documents publics, entre autres, dans le *Libre de ordonansos de la universitat del luoc de la Cadierà*. Les ouvrages de M. l'abbé Giraud suppléent un peu, en ce qui nous regarde, à mon insuffisance.

C'est ainsi qu'il cite diverses délibérations, prises en 1556, dans lesquelles un Pons Allègre se trouve désigné parmi les *conseilhers* de la communauté.

Je dois, pour le cas, un avertissement aux barons de fraîche date qui désirent le retour de l'ancien régime, s'imaginant que les seigneurs composaient toute la société d'autrefois. Ils se trompent, car les gentilshommes ne faisaient point partie des citoyens d'une ville et ne pouvaient exercer aucune fonction municipale. La cité de tout temps a valu le château.

Aussi je ne m'arrête plus à des digressions et j'arrive au recensement de la population fait à la Cadière le 31 janvier 1391. Le parchemin authentique de cette opération existe, comme l'indique M. l'abbé Giraud, aux archives communales dudit lieu 1re partie, série E, n° 20/6.

Cet acte contient les noms de quarante-six chefs de famille possédant des biens et de quarante qui n'avaient rien ou peu de chose. Le nom des Allègre se trouve dans la première catégorie sous sa forme archaïque. J'ai lu eu effet *Alajra*.

Dans le cartulaire de Saint-Victor, les Allègre d'un pays quelconque sont encore vers l'an 1000 appelés *Alacris* du latin *alacer*, *alacris*, joyeux. De ce mot est venu le nom d'Allègre par des inflexions et des terminaisons successives. Je ne les mentionnerai pas, car il ne m'est point permis de paraître paléographe.

Il me suffit de dire que l'on a prononcé au moyen âge notre nom *Alaira* ou *Alagra* avec la désinence du roman *a*. Les gens de la campagne nous appellent même à présent *Alairé*, et l'on a dit d'abord *Alagra* avant d'arriver à Alègre, comme l'on avait en provençal *fradra* de *frater* frère.

L'*a* du milieu du mot *Alagra* a été conservé dans *alagressa*, terme que reproduit le docteur Honnorat dans son *Dictionnaire provençal-français*.

Oui, j'ai surpris notre nom à peine éclos de son étymologie latine au lieu même où nos ancêtres sont nés. Cette révélation m'est plus qu'une croyance et nous sommes les fils de la nation romane.

V

Six-Fours, où notre mère et ses enfants sont nés, est aussi la patrie de nos aïeux maternels.

Je vais m'arrêter un instant à l'histoire de mon pays natal, non-seulement par affection, mais encore parce que son rôle dans les temps est digne d'être répété.

J'ai des autorités que d'ailleurs je puis invoquer. Me Jean Denans, notaire, a écrit en 1713, une histoire de Six-Fours et de la Seyne qui, autrefois, formaient une seule commune. Ce document, un trésor, existe manuscrit en plusieurs originaux. Bien plus, des Annales sur Six-Fours ont été imprimées à Toulon dans l'année 1866, par les soins de M. le comte Gustave d'Audiffret. Cette publication magnifique est sans doute le volontaire hommage d'un grand seigneur rendu à la liberté des peuples.

Me Jean Denans raconte que Six-Fours était jadis

appelé *Six-Forts*, comme l'indique un ancien cachet
où scel de la communauté ; le nom de Six-Forts lui
fut donné à cause de six villages munis de défenses
et construits dans son territoire.

Plus loin, le même auteur ajoute que l'ancienneté
de Six-Fours peut être tirée de celle de Marseille,
ce qui est conforme à la tradition d'après laquelle
Six-Fours a été fondé par les Phocéens.

La même origine lui est attribuée par l'écrivain
des Annales qui s'exprime ainsi :

« Le nom de Six-Fours vient du grec ἕξ qui si-
« gnifie *six* et φρούρια *positions* ou *postes forti-*
« *fiés* ; d'ἕξ φρούρια on a fait, par corruption, ἕξ φούρια,
« ἕξ πυρια, en latin *sex-fur*, *sex-furni*, lieu com-
« posé de six postes militaires. On voit encore les
« ruines de ces six postes entourées de remparts. »

Six-Fours fut donc une colonie grecque, ensuite
un municipe des Romains qui le nommaient aussi
œmines positio. Bâti sur une hauteur rendue for-
midable par la nature, d'où l'on aperçoit un gran-
diose paysage avec la mer pour horizon, il avait un
vaste terroir et deux ports, La Seyne et le Brusq.

Dans ces conditions, Six-Fours par l'usage des
lois antiques, prospéra durant le moyen âge, car les
Sarrasins ne parvinrent point à le détruire au début
de cette époque. Ces barbares, il est vrai, ravagèrent
souvent les campagnes dudit lieu, mais ils ne s'em-

parèrent jamais de la cité elle-même. En 940, les habitants de Six-Fours remportèrent une victoire signalée sur les Maures. Pour perpétuer le souvenir de cet événement un oratoire fut élevé sur le champ de bataille. Ce monument fort simple, encore debout, a été réparé de nos jours.

Sex-Fur dépendit d'abord des vicomtes de Marseille et plus tard fut placé sous la suzeraineté des abbés de Saint-Victor. Cette communauté qui eut un conseil élu, des syndics et des consuls garda toujours ses libertés séculaire. Les seigneurs abbés, la reine Jeanne de Naples, les rois de France lui accordèrent tour à tour de nouveaux priviléges. C'est ainsi que ses habitants étaient *francs d'alleu de toute charge cause et service, excepté quelques particuliers*, dit M⁰ Denans.

En 1610 le droit de porter le chaperon fut octroyé aux consuls de Six-Fours. A ce propos, les lettres patentes remontrent que ce lieu est habité par de riches et honorables familles, qu'il s'y fait un grand négoce par mer, que de nombreux étrangers y abordent et qu'il serait nécessaire pour la décoration de la cité que les consuls eussent un signe distinctif, afin d'inspirer plus de respect.

Ainsi, après avoir maintenu leurs droits, les habitants de Six-Fours obtiennent des honneurs.

A ces prérogatives concédées par la monarchie, je

suis moins sensible qu'au spectacle plus ancien du 25 octobre de l'an 1335, jour où, comme le rapporte une charte, une grande assemblée des *hommes de Sex-Fur* se tint dans l'église de *beatæ Mariæ de Cortina*. Ils y firent *solennellement et librement* le serment de fidélité à Girbert de Contabon, abbé de Saint-Victor.

Je crois me souvenir que la charte, non reproduite entièrement dans les Annales, se termine par ces mots : *ont juré* (tels et tels) et *plusieurs autres hommes libres*. Dans tous les cas, ce serait une autre charte qui renfermerait cette qualification, car je suis sûr de l'avoir lue dans une pièce relative à Six-Fours.

J'admire l'état social dans lequel mes ancêtres maternels ont vécu, lorsqu'à de si vieilles preuves d'émancipation je joins une remarque de Me Denans. Il suppute le nombre des acquisitions faites par la communauté de Six-Fours, puis il ajoute : *ces acquisitions nous font jouir des avantages qui ne sont pas fort communs en ce pays*.

Tel fut Six-Fours qui n'est plus rien.

Ses habitants rassurés par la sécurité des temps modernes l'ont peu à peu délaissé pour s'établir à la campagne ou à la Seyne. Cette ville aujourd'hui très-importante, ne fut séparée de Six-Fours que l'an 1657.

Parmi les rares demeures encore habitées au sommet de la colline se trouve notre maison. Les ruines, l'abandon, le silence des âges entourent le logis des quelques vivants. Une église spacieuse mais déserte, qui a conservé les témoignages artistiques d'une splendeur évanouie, accentue la triste impression.

Ce lieu est cependant pour mon cœur le bien-aimé ; j'y reviens toujours avec joie. Ses débris mêlés à la solitude remplissent de mélancolie l'être qui songe et s'émeut, tandis que sur ce mont le merveilleux spectacle de la nature élève les humains, les enchante et les jette dans la contemplation.

Je ne veux point pleurer sur mon désolé pays puisqu'il va revivre sous un autre aspect et reprendre son glorieux rang. On le couronnera bientôt d'une forteresse terrible.

Six-Fours, qui fus imprenable, tu le seras à jamais pour défendre Toulon, la ville bienveillante envers ma personne, et pour protéger les rivages bénis de notre superbe Provence.

VI

J'arrive donc, heureux de cet espoir, à notre généalogie maternelle qui, elle aussi, m'intéresse beaucoup.

Notre mère Alexandrine Aycard est la fille de feu Jean-Antoine Aycard, de Six-Fours, et de feue Geneviève Rouquier, d'Ollioules, Var ; comme on le voit, grand'mère n'était pas étrangère non plus.

Je dois faire une remarque préalable, le nom d'Aycard est écrit indifféremment avec *i* ou *y*. Du Cange dans son *Dictionnaire*, dit qu'il n'est pas nécessaire d'avertir que l'on trouve souvent *i* pour *y* et *y* pour *i*.

Notre aïeul Jean-Antoine Aycard, décédé à Six-Fours, le 9 février 1826, y naquit le 27 avril 1760. Il était fils de Jacques-Antoine Aycard et de Marie Bérard.

Notre bisaïeul Jacques-Antoine Aycard, dont nous

avons le portrait, mourut à Six-Fours le 12 juillet 1785. Son acte de décès porte qu'il était capitaine de vaisseau marchand. Il se maria en secondes noces le 28 février 1764, avec Marguerite Layet, il était alors âgé de trente-quatre ans. Nous sommes, nous, les descendants de son premier mariage. L'acte de ses secondes noces nous fait connaître qu'il était fils de Jean Aycard et de Marie Trotabas.

Notre trisaïeul Jean Aycard ne pouvait pas être plus de Six-Fours que ce qu'il l'était, je transcris textuellement son acte de décès :

« L'an 1762, le 6 du mois d'août, le corps de sieur
« Jean Aycard, bourgeois, décédé hier, en sa maison
« du village, muni des sacrements, âgé d'environ
« soixante-douze ans, a été inhumé dans une des tom-
« bes du Purgatoire, par moi chanoine, curé soussi-
« gné, en présence de Guihelme Grimaud qui a fait
« les funérailles, et de Joseph Vieil, soussignés.

« Signé : SYLVESTRE, *chanoine curé.* »

J'ai le regret d'observer que la maison où notre trisaïeul est mort n'existe plus ; celle que nous possédons encore à Six-Fours est une propriété moins ancienne de la famille.

Notre trisaïeul Jean Aycard portait le titre de *bourgeois*, ce qui signifie simplement citoyen du lieu. Or, pour avoir cette qualité, il ne fallait pas être un nouveau venu dans le pays.

Il est fâcheux que les actes de l'état civil s'arrêtent à Six-Fours en 1692 ; le manque en outre d'un répertoire complet m'empêche de remonter jusqu'à cette date. Mais j'ai recours à notre historien Me Denans qui a fait dans son œuvre le dénombrement des antiques familles. Notons bien qu'il écrivait en 1713 et qu'il disait ceci :

« Ledit lieu de Six-Fours de toute ancienneté a
« été composé de trente familles........ ; lesquelles
« familles sont celles ci-dessous déclarées. Il est cer-
« tain que toutes celles qui ne portent pas leurs
« noms sont de nouveaux habitants dont les plus
« anciens n'ont pas plus de deux siècles d'habitation.

« .... Ces familles, ajoute Me Denans,
« résident encore audit Six-Fours ou au lieu de la
« Seyne, sans y comprendre un assez grand nombre
« (de branches) qui sont allées habiter à Saint-Nazaire,
« à Ollioules, à Toulon, à la Ciotat, à Marseille et
« ailleurs. »

Eh bien, en 1713, notre trisaïeul Jean Aycard vivait déjà et la famille des Aycard est comprise par Me Denans dans celles qui, au nombre de trente, composent l'ancienne population de Six-Fours depuis plus de deux cents ans à partir de 1713 !

A cette dernière époque, il y avait vingt-quatre branches des Aycard à Six-Fours et douze à la Seyne.

Aussi notre grand-père Jean-Antoine Aycard avait

encore au commencement de ce siècle une nombreuse parenté. Il était notamment le cousin des Aycard, notaires, des Aycard, du quartier Augias, territoire de Six-Fours, et en outre des Aycard qui étaient allés s'établir à Marseille. A la famille de ceux-ci appartient le romancier français Marie Aycard, mort en 1859.

Je pourrais me contenter des preuves que je viens de produire, afin de montrer la série de nos ancêtres maternels. La religion des morts exige que je descende les siècles pour suivre le nom des Aycard dans l'histoire de Mᵉ Denans et les Annales de Six-Fours, je mentionnerai seulement ceux des Aycard, qui ont rempli des charges publiques ou sont intervenus dans des actes solennels de la communauté.

En 1652, François Aycard est consul de Six-Fours avec Louis et Antoine Daniel.

A l'année 1648, Louis Aycard, prêtre bénéficier, procureur fondé de messire Jacques Lombard, assiste avec d'autres prêtre bénéficiers, le consul et les syndics à l'acte qui érige l'église Saint-Pierre de Six-Fours en collégiale.

Un Barthélemy Aycard est intendant de santé en 1619. Le 24 mai, il fait brûler toutes les marchandises qui se trouvaient à bord du vaisseau le *Saint-Pierre*, capitaine Guigou, arrivé avec la peste au port de Cépet.

Les syndics de Six-Fours en 1559 sont les sieurs Bernard Guigou et Antoine Aycard.

On rencontre déjà aux années 1577, 1412 et 1391 des Aycard, notaires.

Enfin parmi les hommes de *Sex-Fur* qui le 25 octobre 1335 prêtent *librement* le serment de fidélité à l'abbé de Saint-Victor se trouvent *Bertrandus Aicardi* et *Guillemus Aicardi*.

Plus tôt encore les Aycard existent à Six-Fours ainsi que cela résulte des chartes de Saint-Victor insérées dans les Annales.

En 1197 Pons de Vizinis, tuteur des petits-enfants de Raimond Gaufredi, vicomte de Marseille, viole les franchises des citoyens de Six-Fours. Mézaparents, alors prieur dudit lieu, défend avec énergie les droits du peuple et de l'église. La charte qui relate ces faits, précieux monument de la liberté communale à Six-Fours, est une transaction stipulée entre les divers intéressés. Parmi les témoins de cet acte on voit P. Aicardi, B. Aicardus, Fulcos Aicardi.

La terminaison *i* est celle du génitif latin et signifie que l'on était le descendant d'un autre ayant même nom.

G. Aicardus *prior de Sex-Furnis* est un des témoins d'un acte passé à Toulon le 12 décembre 1143 entre l'évêque de ladite cité et l'abbé de Saint-Victor pour terminer les différends survenus entre eux au

sujet de possessions que les chanoines de la cathé-
drale de Toulon avaient sur le territoire de Six-
Fours.

J'omets quelques textes, car il me semble qu'avec
cette énumeration de parents paternels et maternels
nous sommes de vrais provençaux à l'infini ; autre-
ment, où les trouverait-on ?

VII

M. l'adjoint au maire de Mèze ne voudra pas, j'ose le croire, que pour être français nous allions jusqu'à Adam et Eve, par une filiation bien connue. Je ne pourrais le satisfaire à ce degré, d'autant plus que son avis sur notre nationalité ne me préoccupera pas désormais. Je le remercie même de m'avoir offert l'occasion unique d'avouer hautement nos aïeux en affirmant notre patrie.

L'antiquité originelle n'est point en France le privilége exclusif de quelques familles ; non, il n'est pas nécessaire de déclarer une noble lignée pour savoir d'où l'on vient et qui l'on est. J'ai recueilli cette vérité à l'égard des miens, sans une grâce spéciale du sort, et de nombreuses gens du peuple comme nous ont le pouvoir de m'imiter.

La race des Gaules, en effet, n'est point d'hier. Elle a subi toutes les fortunes avant d'atteindre sa verte vieillesse capable de rajeunir. Ses triomphes et ses malheurs n'ayant pas, durant les siècles, altéré les qualités fondamentales de son caractère, elle fut toujours dans le monde l'interprête fidèle des civilisations. Il faut donc qu'elle continue à répandre l'idéal et à servir l'humanité.

Le verbe saint du génie national réside en nous tous qui sortons de la grande masse populaire et nos familles, ainsi que le pays, ont eu leurs grandeurs, leurs déchirements, leurs misères dans la richesse ou la pauvreté. Le principe de la solidarité fraternelle qui devrait régner parmi les Français se trouve dans cette opinion inébranlable que nous sommes réellement égaux devant l'histoire. Certains parvenus étourdis seraient fort étonnés si on leur désignait les personnes qu'ils méprisent probablement et qui ont des ancêtres néanmoins.

La roue des événements nous a apporté puis enlevé les biens dans le passé ou le présent, mais elle n'a pu nous ravir ce qui ne lui appartient pas, c'est-à-dire nos vertus et nos traditions. Un héritage de valeur morale nous a été transmis d'âge en âge, à travers mille maux et nos instincts relevés nous arrivent des aïeux. Que l'on étudie les dons innés de nos compatriotes et l'on découvrira chez tous des aptitudes intellectuelles et sociales qu'un vieux peuple seul communique à ses descendants.

Estimons-nous alors mutuellement et soyons unis par le patriotisme, ce gage sacré d'avenir ! Reconnaissons enfin que les aspirations légitimes du peuple français sont faites de réminiscences et que sa dignité essentielle lui impose pour devoir le progrès.

En ce qui me touche, j'aurais été un lâche à mes propres yeux si, au moment où notre patrie a vu obscurcir sa gloire, je ne l'avais point réclamée comme un enfant qui aime bien plus sa mère parce qu'elle est dans le malheur.

Je n'insisterai pas sur ce point douloureux ; il me suffit de sentir que je ne suis ni ingrat ni indifférent envers mon pays dont les sanglantes blessures peuvent se rouvrir.

Ma passion pour la France m'a fait considérer comme une injure la supposition par laquelle on nous traitait d'étrangers ; mais la vivacité que j'ai mise à combattre cette coupable erreur ne renfermait pas l'intention de désobliger le peuple italien à qui l'on rattachait feu notre père.

Nous, fils de la Provence, ne pouvons oublier qu'elle fut et sera toujours le trait-d'union entre les diverses nations de la race latine. Par son intermédiaire, Athènes et Rome ont parlé au reste de l'Occident et nos troubadours inspirèrent Dante et Pétrarque. Pendant que nos esprits se remémorent ces belles choses avec enthousiasme, nous ne serions point fâchés d'être pris pour des italiens, si l'on ne nous contestait pas en même temps la nationalité française.

Celle-ci n'est point seulement une unité politique et administrative, elle est surtout un ensemble harmonique d'âmes et de volontés. Les provinces de la France ont fondu leur tempérament particulier dans un concert de sympathies réciproques, afin de faire de notre patrie commune l'avant-garde de la civilisation qui nous vient du midi. Les Provençaux, ayant eu l'initiative dans l'accomplissement de cette mission démocratique, tiennent par un lien étroit à la France, qui n'aurait plus sa raison d'être si elle ne demeurait pas en tête des peuples latins. Hélas ! que deviendrait-elle, pour ne point se rappeler qu'elle est la sœur de l'Espagne et de l'Italie ?

Abstenons-nous de poser une question à laquelle les Germains répondraient, et conformons notre conduite nationale à nos fameux et meilleurs souvenirs.

Fait en décembre 1874.

V. ALLÈGRE,

ANCIEN MAIRE DE TOULON.

9 782012 955585